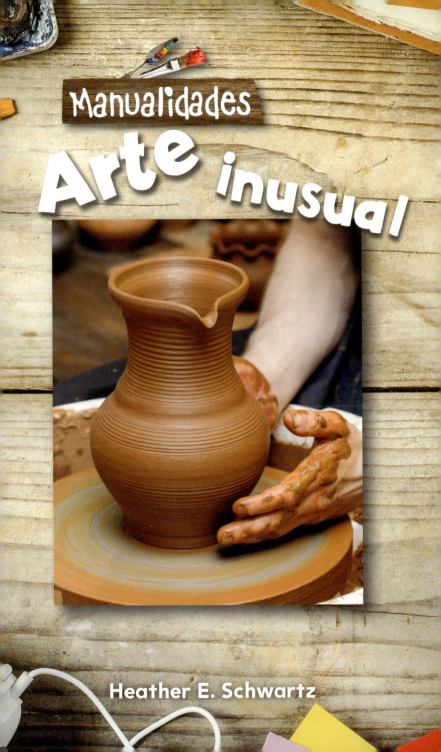

Manualidades

Arte inusual

Heather E. Schwartz

Créditos de publicación

Rachelle Cracchiolo, M.S.Ed., *Editora comercial*
Conni Medina, M.A.Ed., *Gerente editorial*
Nika Fabienke, Ed.D., *Realizadora de la serie*
June Kikuchi, *Directora de contenido*
Caroline Gasca, M.S.Ed., *Editora superior*
Sam Morales, M.A., *Editor asociado*
John Leach, *Editor asistente*
Kevin Pham, *Diseñador gráfico*
Jill Malcolm, *Diseñadora gráfica básica*

TIME For Kids y el logo TIME For Kids son marcas registradas de TIME Inc y se usan bajo licencia.

Créditos de imágenes: pág.8 View Apart/Shutterstock.com; pág.13 PhotonCatcher/Shutterstock.com; las demás imágenes de iStock y/o Shutterstock.

Library of Congress Cataloging-in-Publication Data
Names: Schwartz, Heather E., author.
Title: Manualidades : arte inusual / Heather E. Schwartz.
Other titles: Make it. Spanish
Description: Huntington Beach, CA : Teacher Created Materials, 2018. | Audience: K to Grade 3. |
Identifiers: LCCN 2018008983 (print) | LCCN 2018009656 (ebook) | ISBN 9781425835385 (ebook) | ISBN 9781425826956 (paperback)
Subjects: LCSH: Art--Technique--Juvenile literature.
Classification: LCC N7433 (ebook) | LCC N7433 .S3918 2018 (print) | DDC 700.2--dc23
LC record available at https://lccn.loc.gov/2018008983

Teacher Created Materials
5301 Oceanus Drive
Huntington Beach, CA 92649-1030
www.tcmpub.com
ISBN 978-1-4258-2695-6
© 2019 Teacher Created Materials, Inc.
Printed in China
Nordica.102018.CA21801130

Los artistas convierten las ideas en arte.
¿Cómo lo hacen?
Pueden usar pintura, **arcilla** o metal.
Pueden usar madera, arena y comida.

Los artistas trabajan con pintura.
Eligen distintos colores y usan un **lienzo** en blanco.
Un lienzo puede ser cuadrado o redondo.
Algunos parecen rectángulos.

Los artistas trabajan con arcilla.
Usan sus manos y otras herramientas para darle forma.
Crean **esculturas** y vajillas.

7

Los artistas trabajan con metal.
Crean esculturas.
Algunas parecen objetos reales.
Otras no.

Los artistas trabajan con madera.
Tallan la madera.
Cortan la madera dándole forma.
Pueden usar la madera para hacer mesas y sillas.

Los artistas trabajan con arena.
Con la arena crean formas y **patrones**.
El arte en arena se borra con la marea.

Los artistas incluso trabajan con comida. Cambian su apariencia. Hacen esculturas. Hacen arte con la comida.

Tú puedes hacer arte con la comida.
Consigue pegamento y un plato de papel resistente.
Consigue diferentes tipos de **pasta** seca.

Coloca la pasta en la parte plana del plato.
Elige diferentes formas y tamaños.
Agrega colores y haz un patrón.
Haz un dibujo.

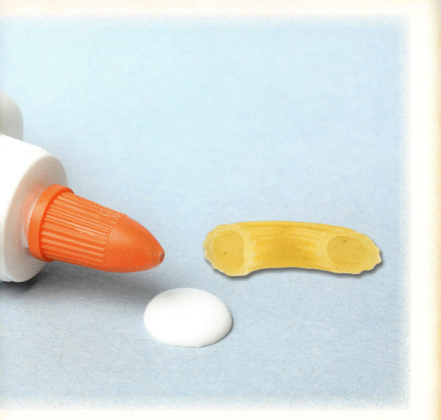

**Pega cada trozo de pasta en su lugar.
Deja que se seque.
¡Tu obra de arte está lista!**

Los artistas usan todo tipo de materiales para hacer arte.
Tú también puedes hacer arte.
Puedes ser un artista.

Glosario

arcilla

esculturas

lienzo

pasta

patrones